EM FESTA

MITANGA PALAVRA DE ORIGEM TUPI QUE SIGNIFICA "CRIANÇA" OU "CRIANÇA PEQUENA".

Editora do Brasil

SUMÁRIO

PÁSCOA 4

DIA INTERNACIONAL DA MULHER 5

DIA NACIONAL DA POESIA 9

DIA DO ÍNDIO 11

DIA INTERNACIONAL DA FAMÍLIA 13

FESTAS JUNINAS 15

FESTIVAL FOLCLÓRICO DE PARINTINS 17

DIA DO BOMBEIRO 19

DIA DOS AVÓS 20

DIA NACIONAL DO ESTUDANTE 21

DIA DO SOLDADO 22

INDEPENDÊNCIA DO BRASIL 25

DIA DO FREVO 26

DIA DA ÁRVORE 29

DIA MUNDIAL DOS ANIMAIS 30

PÁSCOA

A PÁSCOA É UMA FESTA CRISTÃ QUE CELEBRA O AMOR, A FRATERNIDADE E A COMPAIXÃO.

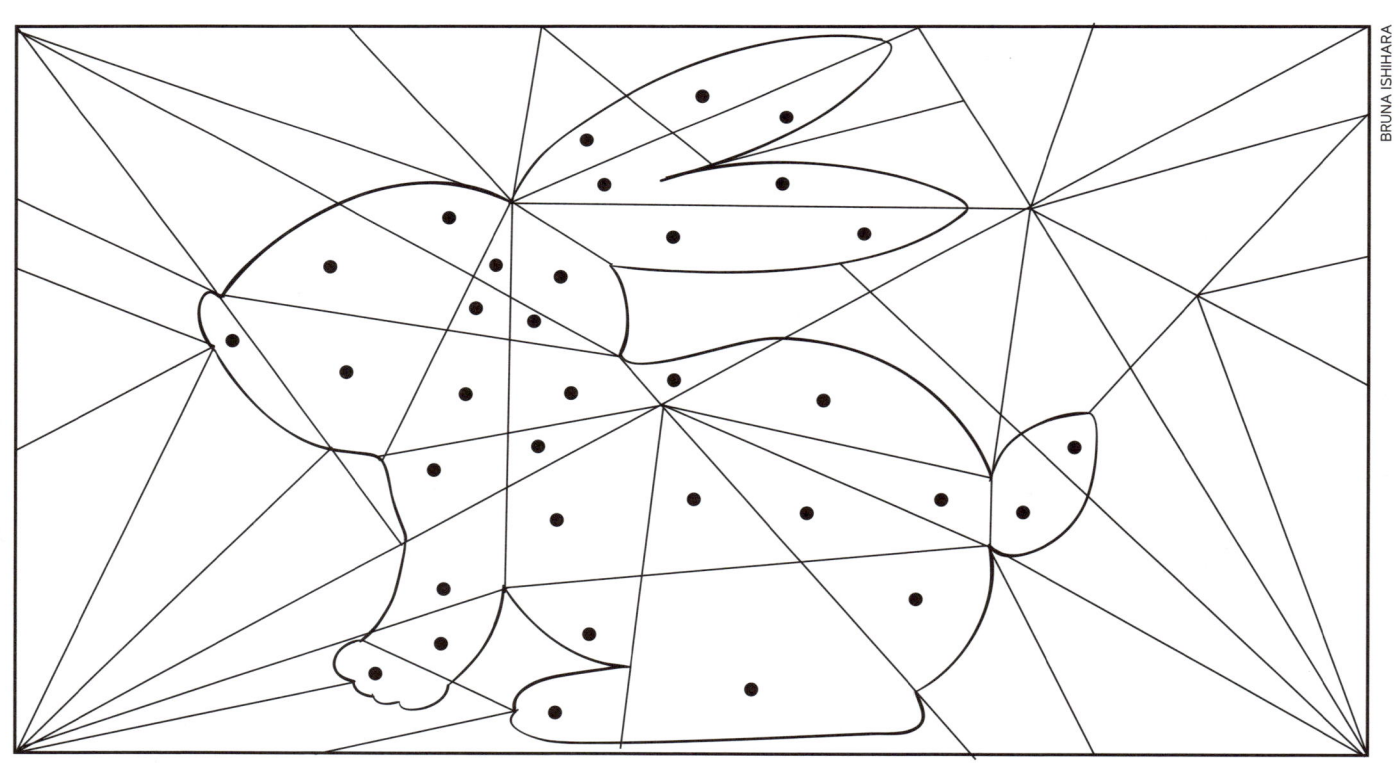

▼ Você e sua família costumam celebrar a Páscoa?
Pinte os espaços com pontinhos e descubra um símbolo desta data.

▼ Você conhece outros símbolos da Páscoa?

DIA INTERNACIONAL DA MULHER – 8 DE MARÇO

ELAS SÃO ADMIRÁVEIS!

- Quem são as mulheres que você admira?
- O que elas fazem de especial?

Cole no quadro a foto de uma mulher que você admire. Depois, recorte-a e, com a ajuda do professor, monte um mural para homenagear essas mulheres incríveis.

VAMOS HOMENAGEAR AS MULHERES QUE AMAMOS?

QUERIDA _____,

VOCÊ BRILHA MAIS QUE O SOL. POR ISSO, O GIRASSOL GIRA PARA VOCÊ!

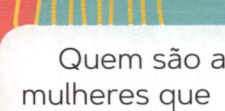

BRUNA ISHIHARA

Quem são as mulheres que convivem com você?

▼ Que tal homenagear uma delas com uma linda pintura?

Pinte as pétalas do girassol com um garfo de plástico e tinta **amarela**.

Depois, recorte a pintura e escreva o nome da mulher especial que receberá essa homenagem.

DIA NACIONAL DA POESIA – 14 DE MARÇO

VAMOS FAZER UM VARAL DE POESIA?

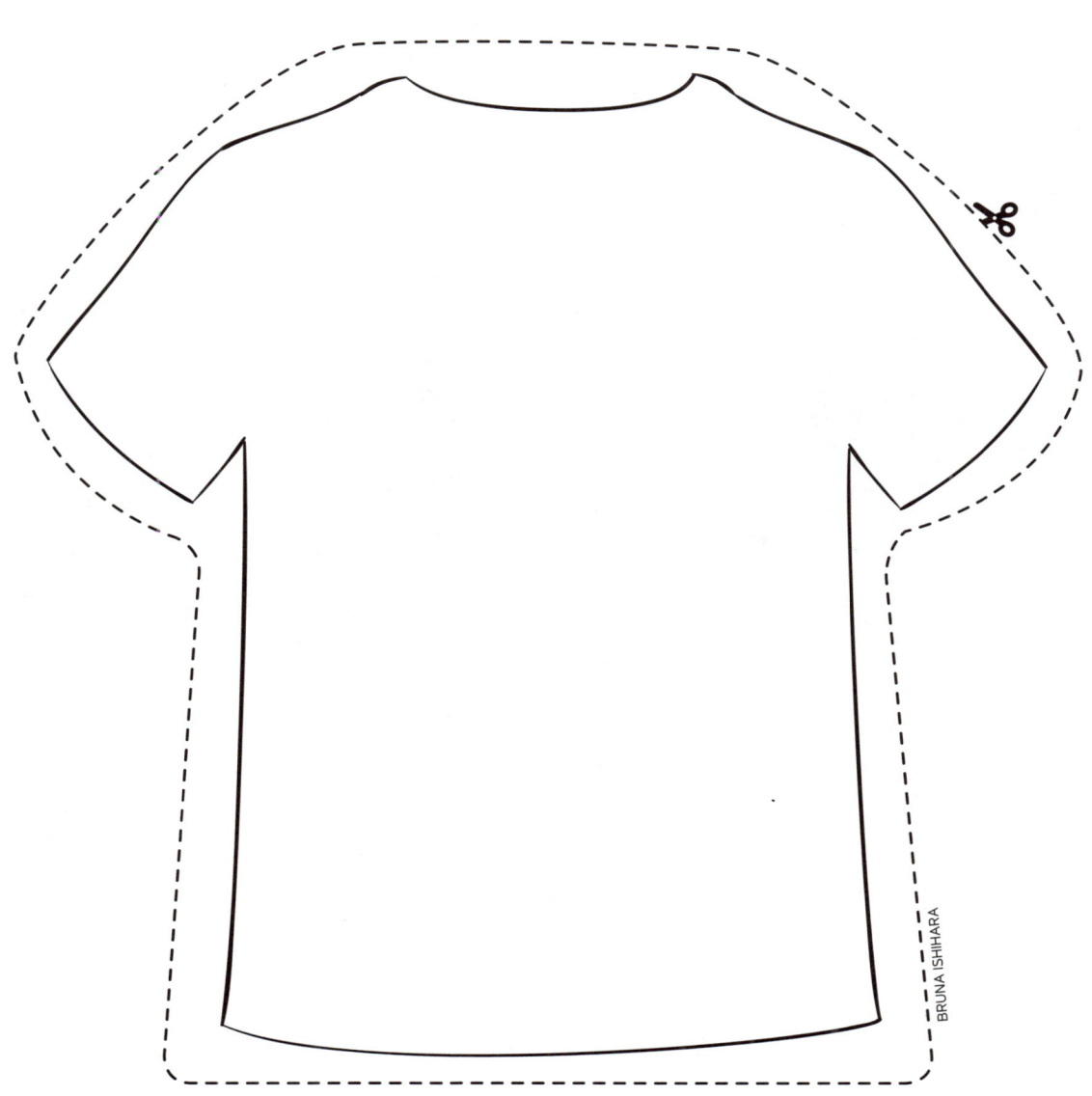

▼ Você gosta de poesia?

Vamos apreciar essa linda arte com um varal de poesia.

Escreva um poema dentro da camiseta, pinte-a e recorte-a. Depois, pendure sua poesia no varal da turma.

DIA DO ÍNDIO – 19 DE ABRIL

VAMOS CONHECER A LENDA INDÍGENA QUE CONTA A HISTÓRIA DO GUARANÁ?

- ▼ Você já viu um pé de guaraná?
- ▼ Com que ele se parece?

Ouça a lenda do guaraná e descubra por que ele tem esse formato.

Depois, pinte o pé de guaraná e cole bolinhas de papel crepom **preto** nele.

DIA INTERNACIONAL DA FAMÍLIA – 15 DE MAIO

A ÁRVORE DA MINHA FAMÍLIA.

As pessoas da família moram no coração.

▼ Que tal homenagear sua família com uma linda árvore de corações?

Escreva o nome de seus familiares dentro dos corações que o professor entregará. Depois, pinte a árvore e cole os corações para completá-la.

Recorte o quadro e presenteie sua família.

FESTAS JUNINAS – MÊS DE JUNHO

VAMOS ENFEITAR A SALA E ENTRAR NO CLIMA DAS FESTAS JUNINAS!

LANTERNA JUNINA

MATERIAIS:
- 2 COPOS DESCARTÁVEIS DE PAPEL;
- FITAS DE CETIM;
- FITA ADESIVA COLORIDA;
- MIÇANGAS DE BOLINHA COLORIDAS.

MODO DE FAZER

1. O PROFESSOR FARÁ UM FURO NO FUNDO DO COPO. PASSE A FITA DE CETIM PELO FURO E DÊ UM NÓ. DEIXE PARA FORA DO COPO 12 CM DE FITA.

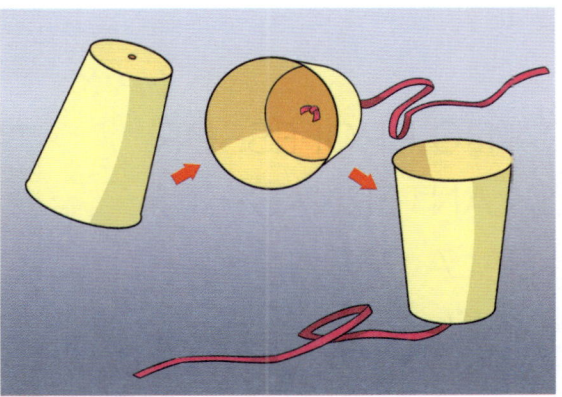

Siga as orientações do professor e faça uma linda lanterna junina.

Depois, com os colegas, enfeite a sala, deixando-a bem bonita e colorida.

2. PASSE UMA MIÇANGA PELA FITA DE CETIM E DÊ UM NÓ.

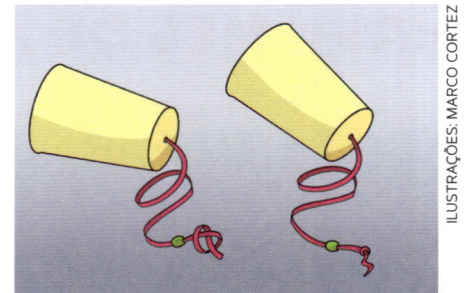

3. O PROFESSOR FARÁ DOIS FUROS NO FUNDO DO OUTRO COPO. PASSE UMA FITA DE CETIM PELOS DOIS FUROS.

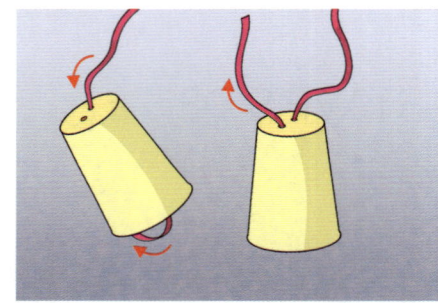

4. UNA OS DOIS COPOS COM A FITA ADESIVA.

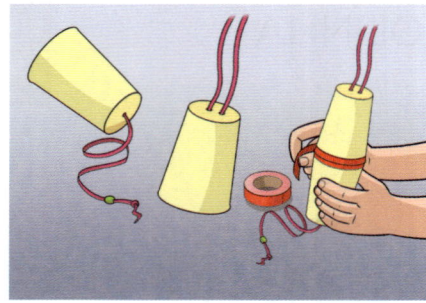

5. COM A AJUDA DO PROFESSOR, PENDURE AS LANTERNAS E DECORE A SALA PARA AS FESTAS JUNINAS!

ILUSTRAÇÕES: MARCO CORTEZ

FESTIVAL FOLCLÓRICO DE PARINTINS – ÚLTIMO FINAL DE SEMANA DE JUNHO

O FESTIVAL DE PARINTINS É UMA FESTA POPULAR RECONHECIDA COMO PATRIMÔNIO CULTURAL DO BRASIL. VAMOS BRINCAR COM O BOI?

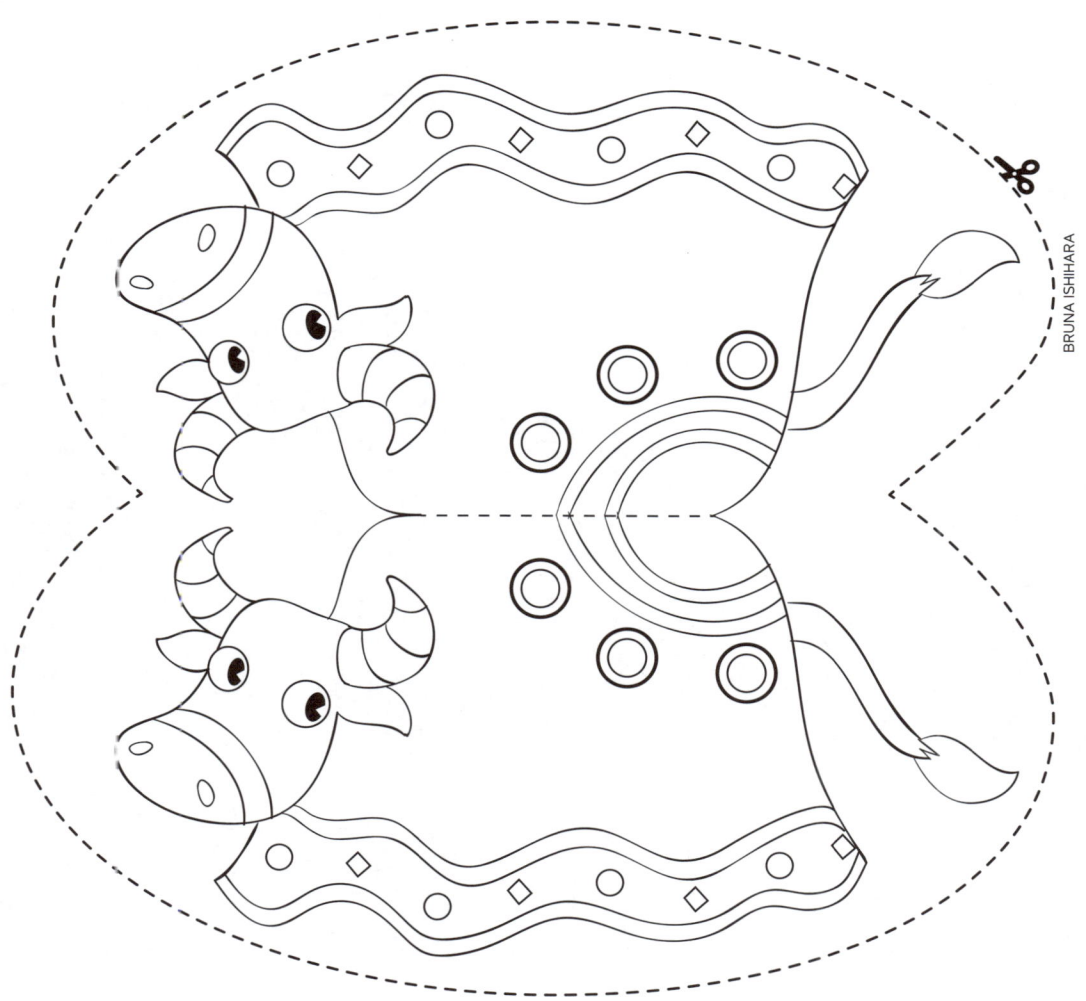

BRUNA ISHIHARA

▼ Qual é o seu boi preferido? Garantido ou Caprichoso?

Pinte um lado do boi com as cores do Boi Garantido e o outro lado com as cores do Boi Caprichoso.

Depois, recorte-o, dobre-o ao meio e cole-o em um palito de sorvete para fazer um lindo fantoche.

Com os colegas e o professor, brinquem e cantem músicas do Festival de Parintins.

DIA DO BOMBEIRO – 2 DE JULHO

PARABÉNS ÀQUELES QUE SALVAM VIDAS TODOS OS DIAS!

- ▼ Você sabe o que fazem os bombeiros?
- ▼ Por que esses profissionais são tão importantes para a sociedade?

Pinte o caminho que leva à saída correta da mangueira e ajude o bombeiro a apagar o fogo.

DIA DOS AVÓS – 26 DE JULHO

VAMOS FAZER BISCOITOS PARA PRESENTEAR OS AVÓS?

BISCOITOS DA VOVÓ

INGREDIENTES:

- 2 XÍCARAS DE FARINHA DE TRIGO;
- 1 XÍCARA DE MARGARINA;
- 3 COLHERES DE SOPA DE AÇÚCAR;
- ESSÊNCIA DE BAUNILHA A GOSTO.

MODO DE PREPARO

MISTURE TODOS OS INGREDIENTES ATÉ FORMAR UMA MASSA FIRME QUE SOLTE DAS MÃOS. FAÇA BOLINHAS E APERTE-AS COM UM GARFO PARA FAZER OS BISCOITOS. COLOQUE-OS EM UMA FORMA UNTADA E LEVE AO FORNO PRÉ-AQUECIDO ATÉ QUE FIQUEM DURINHOS E DOURADOS.

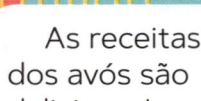

As receitas dos avós são deliciosas!

▼ De qual delícia de seus avós você gosta mais?

Leia a receita com o professor e prepare com os colegas deliciosos biscoitos para seus avós.

Depois, desenhe no quadro como ficaram seus biscoitos.

▼ Seus avós gostaram do presente?

DIA NACIONAL DO ESTUDANTE – 11 DE AGOSTO

APRENDER É BOM DEMAIS!

▼ O que você mais gosta de fazer na escola?

▼ O que você mais gostou de aprender?

Observe as imagens e encontre cinco diferenças. Marque-as com um **X**.

DIA DO SOLDADO – 25 DE AGOSTO

ESTA DATA FOI ESCOLHIDA EM HOMENAGEM A DUQUE DE CAXIAS, MILITAR QUE DEFENDEU O BRASIL EM IMPORTANTES BATALHAS.

> Você já viu soldados marchando?
> Observe os soldados e circule apenas os que estão marchando no sentido contrário.

OS SOLDADOS PODEM SER DA MARINHA, DO EXÉRCITO OU DA AERONÁUTICA.

ILUSTRAÇÕES: MARCOS MACHADO

▼ Você tem boa memória?
Recorte as cartas e brinque de jogo da memória com os colegas.

INDEPENDÊNCIA DO BRASIL – 7 DE SETEMBRO

> ▼ Você sabe o que disse Dom Pedro I ao proclamar a Independência do Brasil?
>
> Complete os espaços de acordo com a legenda e descubra.

A INDEPENDÊNCIA DO BRASIL FOI PROCLAMADA POR DOM PEDRO I.

| A 🟥 | E 🟪 | I ⬡ | O ⚪ | U 🔺 |

MARCOS MACHADO

 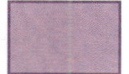    

I__ND__E__PEND__Ê__NCI__A__ __OU__ M__O__RT__E__!

DIA DO FREVO – 14 DE SETEMBRO

O FREVO É UM RITMO MUSICAL ORIGINAL DE PERNAMBUCO. É CONSIDERADO PATRIMÔNIO IMATERIAL DA HUMANIDADE.

CLAUDIA MARIANNO

▼ Você já viu uma apresentação de frevo?

▼ Sabe qual é o acessório e as roupas que os dançarinos usam?

Recorte as peças da página 27 e cole-as para completar o figurino dos dançarinos.

ILUSTRAÇÕES: CLAUDIA MARIANNO

DIA DA ÁRVORE – 21 DE SETEMBRO

A FLORA BRASILEIRA TEM ÁRVORES INCRÍVEIS! VOCÊ JÁ VIU UM MANACÁ-DA-SERRA?

CLAUDIA MARIANNO

O manacá-da-serra é uma árvore bastante curiosa. Suas flores mudam de cor ao longo do tempo: nascem brancas, ficam rosadas e morrem roxas.

Pinte as flores do manacá de **rosa** e **roxo** e deixe algumas em branco para mostrar suas três cores.

DIA MUNDIAL DOS ANIMAIS – 4 DE OUTUBRO

NESTE DIA LEMBRAMOS QUE TODOS OS ANIMAIS MERECEM SER TRATADOS COM RESPEITO.

ILUSTRAÇÕES: SHUTTERSTOCK/ALENA RAZUMOVA

_____   _____   _____   _____

_____   _____   _____   _____

Observe as ilustrações.
▼ Que animais estão representados?
▼ Como esses desenhos foram feitos?

Escreva o nome dos animais. Depois, molhe seu dedo na tinta e carimbe-o para desenhar esses e outros animais na próxima página.